AF404982

LA
RÉVOLUTION DE 1789
A TROYES

NOTICE ANECDOTIQUE
D'après des autographes inédits

PAR

L'ABBÉ ÉTIENNE GEORGES, DE TROYES

MEMBRE DE PLUSIEURS SOCIÉTÉS SAVANTES

FONDATEUR D'UN PRIX TRISANNUEL DE CINQ CENTS FRANCS

A DÉCERNER AU MEILLEUR TRAVAIL INTELLECTUEL CONCERNANT LA CHAMPAGNE

TROYES

IMPRIMERIE ET LITHOGRAPHIE DUFOUR-BOUQUOT
Rue Notre-Dame, 41 et 43

PAUL NOUEL, Succr

1895

LA
RÉVOLUTION DE 1789
A TROYES

NOTICE ANECDOTIQUE
D'après des autographes inédits

PAR

L'Abbé Etienne GEORGES, de Troyes

MEMBRE DE PLUSIEURS SOCIÉTÉS SAVANTES
FONDATEUR D'UN PRIX TRISANNUEL DE CINQ CENTS FRANCS
A DÉCERNER AU MEILLEUR TRAVAIL INTELLECTUEL CONCERNANT LA CHAMPAGNE

TROYES

IMPRIMERIE ET LITHOGRAPHIE DUFOUR-BOUQUOT

PAUL NOUEL, Sr

Rue Notre-Dame, 41 et 43

1895

RÉVOLUTION DE 1789 A TROYES

NOTICE ANECDOTIQUE

D'après des autographes inédits

I

Les textes originaux, que de laborieuses recherches m'ont aidé à mettre en lumière dans mes notices précédentes, ont révélé, à de nobles familles encore vivantes, les liens de parenté ou d'affinité qui les rattachaient aux Berbier du Metz, derniers comtes de Rosnay, dont ma maison occupe aujourd'hui l'emplacement de l'ancienne butte féodale.

On a vu que ces hommes illustres remplirent, spécialement au xviie siècle, des rôles considérables, soit comme présidents de la Chambre des Comptes et contrôleurs des meubles de la Couronne, soit comme conseillers et aumôniers de Louis XIV, soit comme trésoriers généraux du roi, payeurs de la Compagnie des gardes du corps de la reine Anne d'Autriche, soit comme lieutenants d'artillerie et des armées royales.

A de moindres hauteurs, mais dans un rang distingué encore, les familles Comparot de Longsols, Menjot d'Elbenne, Terrier du Metz, Louis de Beaufort et autres, qui s'honorent d'appartenir à cette glorieuse lignée, se sont signalées, chacune dans sa sphère d'action, par le plus généreux patriotisme, aux débuts de la période révolutionnaire.

Plusieurs autographes, contemporains de ces débuts qui furent plus ou moins orageux en Champagne, confirment, en les complétant, les émouvants récits dus à la plume aussi élégante qu'érudite de M. Albert Babeau, mon très honoré collègue à la Société Académique de l'Aube.

II

Dès le commencement de 1789, l'agitation produite par l'exil du Parlement à Troyes s'était accrue d'une crise commerciale et d'une affreuse disette.

Noché de Rhèges, procureur-syndic, correspondait avec Claude Huez, maire de la ville, qui se trouvait à Paris au moment où les plus influents de ses administrés cherchaient à conjurer un chômage menaçant et une famine imminente. « Hier, lui écrit-il le 10 février, il y a eu assemblée de Messieurs les notables; nous avons pensé que, pour réclamer avec fondement, il fallait avoir une comparaison entre Reims; or, la connaissance de la population de Reims, même le simple état de ce bailliage, nous manquant, nous avons pris le parti d'envoyer un exprès à M. Héroult de la Clôture, qui se trouve actuellement à Reims pour quelque temps.

« Nous croyons que l'on est parti d'un point fixe qui est une députation pour cent mille âmes. Entre cent et deux cent mille âmes, on a pris cent cinquante mille pour point de partage. Au-dessous, on reste à un seul, et au-dessus on est à deux députés. D'après cela, il est possible que, partant de la lettre écrite par le bailliage, dans laquelle nous portions notre population à cent soixante mille âmes, on en ait défalqué, à tort ou avec raison, Joigny, que nous évaluions à quatorze mille âmes, au moyen de quoi nous nous sommes trouvés à cent quarante-six mille âmes, et par conséquent au-dessous de la ligne de démarcation. Nous avons l'état de notre bailliage au greffe : Troyes, 120.000; Méry, 6.000 ; Pont, 6.000; Nogent, 9.000; Romilly, 3.000; Virey-sous-Bar, 2.000 ; Joigny, 14.000. Je n'ai assurément évalué trop bas.

« A l'égard de Reims, on prétend que, dans le démembrement du Vermandois, il lui reste encore près de quatre cent mille âmes. Nous avons peine à le croire. En attendant que notre Mémoire parte, ce qui ne peut avoir lieu qu'au retour de l'exprès, nous vous prions de faire les démarches convenables pour savoir si l'on a égard à la proportion, et quelle proportion respective on a établi entre notre population et celle de Reims. Marquez-nous si vous jugez qu'il soit à propos que le Mémoire soit signé des trois Ordres par député, ou seulement du bailliage et de la ville, ou de la ville seule, le bailliage ayant écrit au Ministère il y a trois semaines. »

Claude Huez avait été appelé à faire partie de la seconde Assemblée des notables convoquée par le roi pour connaître leur opinion sur le nombre proportionnel des trois Ordres ; conformément aux vœux de ses concitoyens, il soutint les formes d'élections suivies en 1614 et adoptées par les Comices de Troyes; mais il désapprouva formellement la demande d'États provinciaux ; la perspective des États généraux devait suspendre la vie des assemblées provinciales. Celles-ci, en attendant l'ouverture des grandes assises nationales, étaient représentées par leurs commissions intermédiaires, dont celles de Champagne n'étaient pas les moins actives.

Toutes ces commissions, en rapport les unes avec les autres, se consultaient volontiers pour résoudre les difficultés qu'elles rencontraient dans l'accomplissement de leur mandat; elles se montraient désireuses d'entreprendre sur les attributions des intendants de la province. Rouillé d'Orfeuil, ce magistrat d'une si habile courtoisie, finit par se plaindre au Directeur général des finances de ce que les bureaux intermédiaires voulaient le priver de connaître de toutes affaires relatives à la comptabilité des syndics et à l'administration des revenus communaux.

Aussi bien, les élections des députés aux États généraux disposaient-elles les municipalités à une certaine émancipation de l'autorité centrale. Les brochures, les feuilles volantes, échangées de ville en ville ou répandues à profusion jusque dans les campagnes, y propageaient l'expression d'un sentiment tantôt pacifique et conciliant, tantôt âpre et agressif. Les conseillers municipaux de Bar-sur-Aube, dans une lettre du 31 décembre 1788 à leurs collègues de Vitry-le-François, parlaient résolument des droits imprescriptibles que le peuple tient de la nature. Un conseiller au Parlement, Brochant d'Antilly, à qui Comparot de Longsols avait envoyé en cadeau un échantillon de la charcuterie troyenne, lui en accuse réception, le 15 février 1789, en ces termes :

« Je viens de recevoir à l'instant une hure que je crois de Troyes par sa bonne mine ; je vous avoue franchement que je vous sais très-mauvais gré de ce joli présent ; je n'aurais pu vous le pardonner qu'autant que vous l'auriez accompagné pour en manger votre part avec Mademoiselle votre fille ; car Madame Brochant, ainsi que moi, se souvient de la parole que vous nous avez donnée de nous l'amener ; il ne faut pas tarder. Nous sommes toujours inondés d'écrits séditieux ; il y a une fermentation générale dans les provinces ; on craint que la capitale ne s'échauffe aussi ; la misère est extrême ; le pain hors de prix ; tout va au plus mal ; les rentes sont arriérées de huit mois ; tout le monde est mécontent. Je souhaite que, cette année, on soit plus heureux que les précédentes. »

III

Cependant avait paru le règlement de la procédure à suivre pour la réunion des assemblées électorales.

Dès la première séance, les dissensions éclatèrent sur la

question du vote par ordre ou par tête. Le Gouvernement n'avait pas apporté un programme arrêté de réformes; il manqua ainsi une dernière occasion de saisir la direction du mouvement national; il n'avait pas même tranché cette question capitale qui, depuis un an, passionnait la France entière. Les graves péripéties de cette tourmente révolutionnaire ne firent que rendre plus pénible la position des classes laborieuses. Les villes, pour calmer les esprits en apaisant la faim, furent obligées de s'imposer de nouveaux sacrifices. Là Commission intermédiaire de Champagne avait réparti, entre les villes les plus nécessiteuses, des secours applicables aux travaux de charité.

Le Conseil de Châlons-sur-Marne arrêta qu'on achèterait des grains pour les distribuer aux pauvres à un prix inférieur à celui d'achat; puis, revenant sur sa première décision du 13 juin, il statue qu'on fera la distribution en pain et non en grains, et en pain de froment, vu la rareté du seigle.

Comparot de Longsols, considéré à Troyes comme un négociateur habile, avait été envoyé d'abord en cette ville pour réclamer des secours à l'intendant, ensuite à Versailles pour solliciter du gouvernement un envoi des grains qu'on avait amenés de l'étranger.

Les approvisionnements ne s'effectuaient pas assez vite au gré des pauvres gens de Troyes. « J'ai vu hier, écrit le fils Comparot à son père, arriver le convoi de grains qui a paru faire grand plaisir au peuple. Ce sont les dragons du régiment d'Artois venus de Vitry, ai-je entendu dire, qui nous procurent du pain; sans eux et ces Messieurs de ville, nous serions déjà morts de faim. »

Dans une autre lettre en date du 4 juillet, Marie Comparot de Longsols exprime à son père l'espoir qu'il ne restera plus guère à Paris : « On parle de faire du pain de riz la semaine prochaine, ajoute-t-elle; tout le monde sera obligé d'en manger. Comme nous avons de la farine, vous voudrez bien me dire si vous voulez que nous cuisions à la maison. Mainfroy nous a envoyé cinq boisseaux de blé; M. Deschenetz,

quatorze boisseaux de farine ; et M. Desguerrois, douze boisseaux de blé ; ainsi, vous voyez que nous pouvons cuire, si
vous le jugez à propos. »

Jean-Baptiste Comparot de Longsols, de concert avec
Camusat de Belombre, ancien juge consul, n'épargnait
aucune démarche auprès de Necker, directeur général des
finances, pour obtenir des denrées alimentaires, tandis que
le chevalier Fadate de Saint-Georges répondait du maintien
de l'ordre à Troyes et que Sourdat, lieutenant général de
police, se plaignait de l'inertie de l'intendant Rouillé
d'Orfeuil.

IV

L'explosion des passions populaires n'en était pas moins à
craindre : « Aujourd'hui, écrit le 4 juillet le fils Comparot à
son père, on a planté une potence au Marché-au-Blé avec un
écriteau imprimé conçu en ces termes : *Si dans trois jours le
blé n'est pas diminué, Sourdat sera pendu et traîné par la ville
par tous ceux qui meurent de faim.* Celui qui me l'a annoncé
allait lire le reste de l'affiche, lorsque Guillaume est venu
l'arracher. »

Tandis que les villes de la Champagne s'épuisaient à calmer
leurs habitants exaspérés par la disette et le chômage, les
événements politiques se succédaient avec rapidité. La victoire
du Tiers sur le Clergé et la Noblesse dans la question du vote,
la transformation des États généraux en Assemblée nationale,
le serment du jeu de Paume, la prise de la Bastille, forcèrent
le roi à reconnaître la souveraineté de la nation.

Le courageux négociateur troyen, Comparot de Longsols,
dans la sanglante journée du 14 juillet, ne se coucha qu'entre
dix et onze heures, au son du tocsin, au bruit continuel des
patrouilles :

« Tout ce que je vous mande, ajoute-t-il, est fort effrayant ;

je vous l'avais annoncé; je voyais l'orage se préparer. Votre *Mémoire* que j'ai attendu très longtemps est la seule chose qui m'ait retenu à Paris. Vous jugez bien que, dans cette frénésie générale, le Ministère ne s'occupera pas de vos besoins; le Parlement ne s'occupera pas davantage de vos voituriers de Sézanne. J'ai prévenu M. Laurence; s'il est resté à Paris, M. Heuvrard lui demandera un rendez-vous; il m'en fera part et je me joindrai à lui, si je le peux. Dès que je parviendrai à m'échapper, je reviendrai partager avec vous vos soins et vos prévoyances pour votre ville. Nous n'avons d'espérance que dans les États généraux. On crie l'*Assemblée* d'hier, je la fais acheter pour vous l'envoyer. J'entends, en ce moment, plusieurs coups de fusil. Je ne sais pas ce que l'on tire. Les boutiques sont à moitié ouvertes dans mon quartier, qui est le plus bruyant; si, d'ici à deux jours, le calme ne se rétablit pas, tout sera perdu...

« J'ai vu de Montabert, la Hurproie, de la Noue; ils sont en bonne santé et sous les armes comme tout le monde. Le bruit court que la reine et Monsieur le comte d'Artois ont quitté Versailles, hier au soir, *incognito*. Les Suisses se sont réunis, ce matin, aux bourgeois. Hier au soir, deux inspecteurs de police sont venus à l'hôtel de Bourbon; ils ont donné ordre de ne laisser partir personne. Ainsi, me voilà en prison au milieu de Paris. »

« Malgré mes nombreuses démarches près du Comité permanent, près des districts de Saint-Honoré et de Saint-Germain, sans ma qualité de député, on m'aurait fait encore désirer plus longtemps les chevaux de poste que j'avais demandés pendant cinq jours, quoique muni d'un passe-port. Vous dire la satisfaction que j'ai éprouvée, lorsque j'ai eu franchi la barrière de Charenton, ne pourrait s'exprimer. Un violent orage m'a pris en chemin; par pitié pour les postillons, je me suis arrêté une heure à Brie-Comte-Robert, où la maîtresse de la poste m'a annoncé qu'on n'était point tranquille à Troyes.

« En arrivant à Nangis, j'ai vu la milice bourgeoise sous

les armes; j'ai entendu plusieurs coups de fusil qui m'ont étonné. J'ai été bientôt rassuré en apprenant que la naissance du second fils de Mme la marquise de Guerchy occasionnait un *Te Deum* chanté à l'église paroissiale, et que le bailli partait avec la municipalité pour aller lui faire compliment. Je n'ai pas cru devoir, en cette circonstance, passer non plus sans faire le mien. J'ai assisté au chant d'actions de grâces. Je partis ensuite, malgré les instances de M. de Guerchy, qui voulait absolument me garder. J'appris de lui que tous les Polignac étaient passés, le vendredi précédent, à Provins. Le lieutenant de la maréchaussée, dont la femme a été la meilleure amie de la mienne, m'a raconté qu'il y avait eu du mouvement, la veille, au marché, et m'a confirmé qu'il y avait du bruit à Troyes.

« Au milieu de la forêt de Sourdun, on m'a fait changer de chevaux, avec deux voitures ; dans la première étaient un homme et trois femmes dont l'extérieur, quoique simplement vêtu, n'annonçait point quelqu'un d'ordinaire. L'homme est descendu pour me demander si j'arrivais de Paris. Le compte que je lui ai rendu de ce qui s'était passé dans la capitale a paru lui faire impression. « — Comment avez-vous pu sortir? Avez-vous des passeports? Faute d'en avoir, ajouta-t-il, je n'ai pu aller plus loin que Châtillon-sur-Seine ; j'ai été obligé de retourner sur mes pas. » Cette compagnie avait l'air d'une bande de pigeons battus par l'oiseau de proie et qui ne peuvent rejoindre le colombier. Ce questionneur, très honnête et très inquiet, m'a confirmé que Troyes était très agité et que la populace y était entièrement révoltée..

« J'arrivai à Nogent-sur-Seine vers dix heures du soir. J'entends du tumulte ; j'en demande au postillon la cause. « La milice bourgeoise en armes va vous crier : *Qui vive?* Si vous ne répondez pas : *Tiers-Etat,* on vous f... à la rivière. » C'est précisément ce qui arriva ; comme je n'avais nulle envie de me baigner, j'ai répondu *ad rem.* Je m'arrêtai à l'auberge, moins pour me réconforter que pour m'informer de ce qu'on faisait à Troyes. La maîtresse du logis m'assura que le feu était aux quatre coins de la ville. Jugez, Monsieur, comme j'étais tranquille, d'après un rapport comme celui-là.

« J'arrivai le lundi à Troyes, vers sept heures du matin; je ne remarquai rien d'extraordinaire; avant d'entrer chez moi, j'allai sonner chez M. de Saint-Georges, commandant militaire, et chez M. Huez, maire; on me répondit qu'ils étaient à l'Hôtel de Ville, et que M. de Saint-Georges y couchait depuis trois jours. Je vole à l'Hôtel de Ville, que je trouve assiégé par le peuple, qui voulait s'emparer des armes et demandait la tête du commandant et du maire, ainsi que celle des échevins.

« Nous avons été, pendant dix jours encore, dans les plus vives alarmes. Un grand nombre de ces mutins ont été arrêtés et jugés par le tribunal prévôtal. Un seul a été pendu; un autre a été fouetté, marqué, banni; deux autres ont été condamnés aux galères perpétuelles. Tous méritaient la corde : *Salus populi suprema lex;* mon avis n'a pas été suivi; on s'en est repenti, puisque la populace, ameutée de nouveau, a entouré, sur le mail, le lieutenant de la maréchaussée Cadot, qu'elle a menacé d'écharper s'il n'ordonnait sur le champ de relâcher les prisonniers. »

V

Au milieu de ces alarmes, les Bernardines de Notre-Dame-des-Prés s'étaient réfugiées, avec leur abbesse, à Troyes. Mlle Comparot de Longsols avait offert un asile à sa cousine Lasneret, l'une des notables religieuses de cette communauté.

« Recevez mes très humbles remerciements des offres gracieuses que vous avez la bonté de me faire, répondit la courageuse Bernardine; l'amitié, dont vous m'honorez dans toutes les circonstances, me persuade du vif intérêt que vous voulez bien prendre à tout ce qui me concerne. J'étais effectivement chancelante dans toute cette bagarre. Nous avons préféré rester deux avec nos domestiques, au nombre de huit, en tout dix personnes. Je suis fort aise d'avoir pris ce parti; j'ai passé la nuit fort tranquille; j'ai fait coucher tous les domestiques; nous ne sommes restées que nous deux debout; s'il fût arrivé quelque chose, je les aurais fait relever grand train... »

On rassura les habitants des faubourgs, à propos des paniques que des courriers allaient semant de tous côtés; la plupart rentrèrent dans leur domicile, ainsi que les religieuses de Notre-Dame-des-Prés.

Les mesures de rigueur prises contre les émeutiers de Troyes étouffèrent momentanément les ferments de discorde. Comparot de Longsols avait profité de ce calme, plus apparent que réel, pour se rendre auprès de son gendre, maître des forges d'Estravaux, près de Fresnes-Saint-Mammès, en Franche-Comté; de là, le 11 août, il raconta à Marie-Claude Comparot, sa fille, les péripéties de son voyage; il commence par lui recommander de renfermer précieusement dans une boîte le bouquet envoyé par Mme Lecoq, l'éventail et les gants enfermés dans l'armoire de son cabinet de toilette, dont M. de Saint-Georges a la clef, et de prier M. Jacquinot d'expédier le plus diligemment possible la boîte par le courrier de Bedfort, à l'adresse de M. le chevalier de Corre, ancien officier des gardes du corps, à Vesoul.

La diligence se trouvait au complet, six hommes et deux femmes; parmi les hommes se trouvait le mari de la nièce d'une dame Garnier, belle-sœur de M. Garnier-Gillain, qui demeure près la porte Saint-Jacques, à Troyes; c'est un Languedocien fort aimable.

« Jusqu'à Chaumont-en-Bassigny, ajoute le magistrat en voyage, rien d'extraordinaire; mais à Chaumont, les portes étaient gardées par des compagnies bourgeoises; on nous a demandé des passeports. La ville avait été jusqu'alors tranquille; mais, au dernier marché, il s'était trouvé beaucoup de seigle et peu de froment; le peuple s'est mutiné; il n'a point voulu acheter de seigle; il a crié que les gens riches n'avaient qu'à le prendre et leur donner le froment ; que, s'ils ne le faisaient pas de bonne grâce, il saurait bien le prendre de force. »

« Des paysans, à Chaumont, au nombre de deux cents, armés de bâtons, menaçaient tout haut de brûler les titres de terre chez tous les seigneurs du canton. Vingt des plus mutins ont été arrêtés ; mais les autres, revenus en force le lendemain, voulaient briser les portes de la prison ; il a fallu leur rendre leurs camarades. Dès lors, on a établi un Comité permanent, formé des compagnies citoyennes, dont M. Cottenet était l'un des capitaines ; mais le peuple se prononça pour les paysans, destitua M. Cottenet et le força de monter la garde comme simple fantassin. On a écrit à Langres. Le prévôt, les brigades de maréchaussée, les dragons, ont été appelés à Chaumont. Les dragons se sont déclarés pour le peuple ; ils ont menacé de piller le bureau des Aides, de brûler la cervelle du directeur, ainsi que du receveur et des deux contrôleurs. J'ai passé une partie de la matinée chez M. Gentil, où l'on m'a fait beaucoup d'honnêtetés. »

VI

Troyes n'était guère plus rassuré que Chaumont, et l'agitation que les meneurs y entretenaient s'accrut encore sous l'influence des décrets de l'Assemblée nationale et des coups qu'elle porta, dans la nuit du 4 août, à l'ancienne organisation sociale qui s'écroula au cri de *liberté*, avec les droits féodaux, les justices seigneuriales, la vénalité des offices et l'inégalité des impôts ; mais la liberté ne remplissait pas les coffres de l'Etat, ni ne sauvait les populations de la misère. « Si j'osais, écrit le 31 août Mme Jacquinot à M. Comparot de Longsols, j'envierais la vie agréable et tranquille dont vous jouissez en Franche-Comté ; je vous engage à la continuer pendant quelque temps, surtout jusqu'à ce que l'orage soit passé dans notre ville ; car, depuis votre absence, il s'est passé des choses affreuses dont je ne vous fais pas le détail ; monsieur votre fils s'en est chargé. »

Ce dernier, en effet, avait écrit : « Il y a eu un tableau attaché à la Porte de Comporté, qui représentait à peu près M. de Saint-Georges enluminé, la tête tranchée, la croix à ses pieds, un fusil avec sa baïonnette ; au bout de cette baïonnette était empalée la tête du commandant militaire. On a procédé, le 28 juillet, à la nomination de soixante-quatre députés pour former un Comité et travailler conjointement avec Messieurs les officiers municipaux, lesquels ont été nommés quatre de chaque compagnie ; ils ont pris séance d'accord et à l'amiable, dimanche au soir, par un procès-verbal affiché hier. Ce même jour, 28, il a été aussi nommé soixante-quatre officiers. On doit prendre jour pour faire dire une messe du Saint-Esprit, à laquelle assistera toute la ville.

« Messieurs de Chaource ont amené, hier, le respectable M. de Maison-Rouge sur une charrette, avec une botte de paille ; il y était attaché avec des cordes. M. Regnault de Beaucaron l'accompagnait, avec un sergent de la milice bourgeoise, quatre fusiliers et deux cavaliers de la maréchaussée. On dit qu'il est dans nos prisons pour avoir maltraité M. le bailli de Chaource et avoir voulu battre la bourgeoisie sous les armes. La patrouille qui l'a amené à Troyes voulait savoir s'il fallait le conduire à Paris ; elle se chargerait de le transporter jusque-là. »

On ne jugea pas opportun d'obtempérer à ce désir, car Barbuat de Maison-Rouge figure sur la liste des suspects détenus au Grand Séminaire jusqu'au 21 fructidor an II de la République.

La question de l'alimentation continuait d'être à Troyes l'objet d'une vive sollicitude. Les mesures du Comité général et provisoire, insuffisantes ou mal combinées, ne remédièrent point à une disette qu'on exploitait contre les officiers municipaux ; on s'acharna principalement contre le lieutenant Saint-Georges et le maire Claude Huez, que leurs ennemis accusaient d'être des accapareurs. Ces bruits calomnieux, mis en circulation au milieu de l'effervescence populaire, eurent des résultats lamentables. On ne saurait rappeler, sans un sentiment d'indignation, l'horrible drame où le maire Claude Huez, malgré son dévouement au bien public, tomba le 9 septembre victime des fureurs du peuple.

VII

Les magistrats, les fonctionnaires, les négociants, tous les hommes intéressés au rétablissement de l'ordre se groupèrent en compagnie de grenadiers et de chasseurs, sous le commandement d'anciens officiers de l'armée. Leur énergique attitude, jointe au zèle éclairé de l'avocat Nicolas Parent, rendit aux bons citoyens le courage et l'influence. C'est à ce revirement que fait-allusion M. Jacquinot dans sa lettre du 14 septembre :

« Il paraît, écrit-il à son ami Comparot de Longsols, que le parti des honnêtes gens est supérieur. Truelle de Chambouzon ne jouit plus de la même confiance. Le Comité a reçu du Ministère une lettre que M. Parent a rapportée hier ; le Ministère se plaint amèrement de la conduite que l'on a tenue envers M. Huez ; on assure que le roi lui-même en a témoigné, par écrit, son indignation. M. Le Grand, prévôt de Châlons-sur-Marne, est attendu, dit-on, avec une soixantaine de cavaliers de maréchaussée pour faire le procès aux coupables ; on en a arrêté dix ce matin, et l'on continue d'en arrêter...

« La porte de la Tannerie, la porte de Comporté et la porte de la Madeleine restent fermées ; on ne laisse plus sortir personne par les autres portes sans un passe-port. Mademoiselle votre fille et Monsieur votre fils en prendront chacun un. Vous ferez rafraîchir le vôtre au premier endroit où vous serez connu. En allant prendre un laisser-passer pour Mouillefarine, j'ai vu sortir du corps de garde de l'Hôtel de

Ville vingt-cinq prisonniers qu'on conduisait à la prison;
ils étaient arrêtés depuis hier soir, non compris ceux arrêtés
auparavant, qui sont en nombre. Je crois que l'on fera un
exemple frappant. »

Comparot de Longsols, profondément découragé par ces
violences et par les dégâts sans cesse renouvelés dans son
domaine seigneurial, écrivit, le 17 septembre, à l'intendant
de Champagne cette touchante supplique :

« J'ose me flatter, après avoir eu l'honneur de me présenter
plusieurs fois à votre audience, d'être connu de votre Grandeur
comme un bon citoyen. Je crois avoir rempli en honnête
homme, depuis vingt-et-un ans, les fonctions de ma charge de
conseiller au bailliage de Troyes. J'ai pu me tromper; mais,
au moins, ai-je eu les intentions les plus droites. Mes concitoyens m'avaient honoré de leur confiance en me nommant,
il y a deux ans, échevin de la ville. J'ai apporté tout le zèle
dont j'étais capable pour leur être utile. Je ne m'attendais pas
à leur devenir suspect, ainsi que tout le corps municipal et
un grand nombre d'honnêtes gens. Je ne m'attendais pas aux
horreurs qui viennent de se passer et qui flétrissent à jamais
ma malheureuse patrie. J'étais en Franche-Comté, chez ma
fille, pendant qu'on massacrait et pillait mes voisins, mes
parents, mes amis, M. le chevalier de Saint-Georges et M. le
maire Claude Huez.

« Conseiller au bailliage comme ce dernier et échevin,
j'aurais fait mon devoir jusqu'au dernier soupir, et j'aurais
infailliblement subi le même sort; actuellement, mon cœur
est flétri par la douleur la plus profonde. J'ai toujours été
d'une complexion délicate; ma santé est, depuis six mois,
altérée considérablement par les sollicitudes continuelles et
par les affreuses catastrophes dont j'ai été témoin à Paris,
en Franche-Comté et à Troyes. Voisin de M. de Saint-Georges
et de M. Claude Huez, je ne puis exprimer combien mon
cœur a été déchiré en rentrant chez moi. Proscrit comme
tous les officiers municipaux, je n'ai osé d'abord rentrer à

Troyes ; je n'ai osé me retirer dans ma terre, dont les habitants ont tué mes pigeons, ravagé mes garennes, arraché les plants, chassé les lapins, pris les armes pour détruire tout le gibier, péché dans les fossés de l'enceinte de ma cour, menacé de se porter aux dernières extrémités contre mon concierge ; je n'ai donc d'autre parti à prendre que de me réfugier chez ma fille, miraculeusement échappée au pillage de son canton.

« Ma fortune est très médiocre ; elle ne peut que souffrir beaucoup de tout ce désordre et de mon déplacement ; il me restera l'honneur et l'espérance que mes enfants n'oublieront pas que leurs ancêtres ont, depuis plusieurs siècles, défendu leur patrie au péril de leurs biens et de leur vie. Je vous supplie, Monseigneur, de m'accorder votre protection pour arrêter la fureur des habitants de Longsols. Comme je ne puis plus être utile à ma malheureuse patrie, j'espère que Sa Majesté voudra bien accepter la démission que j'offre volontairement de ma charge de conseiller. En mon absence, j'ai été nommé chef du Comité des subsistances. Mes chagrins, mon peu de fortune, ma mauvaise santé, ne me permettent pas d'accepter cette place. La vie la plus obscure est celle à laquelle j'aspire depuis longtemps. »

Le bailliage de Troyes, sur le réquisitoire de l'avocat Nicolas Parent, déclara illégal l'exercice du Comité soi-disant général et provisoire. Dès le 23 septembre, M. de Corre avait écrit de Vesoul à son ami Comparot :

« Le tableau des scènes brutales qui vient de paraître sous mes yeux m'a autant surpris qu'indigné ; il sera à jamais inconcevable qu'une ville aussi considérable ait laissé froidement commettre dans son sein de pareilles abominations. Comment, quarante malheureux ont impunément, et sans obstacle, exercé leur fureur sur un citoyen en place, sur un homme vertueux ! Quelle tache pour la capitale de la Champagne ! Croyez-moi, Monsieur et cher ami, quittez ce lieu et vendez vos propriétés, et venez avec votre intéressante

2

famille habiter parmi nous. Occupez-vous en même temps, avec M. Hervé, de la vente de ce qui encore m'appartient dans votre province, afin de ne pas être dans le cas d'y retourner. Si vous n'acceptez pas, ainsi que je le pense, la place qui vous est offerte de président du Bureau des subsistances, vous ne resterez pas à Troyes; et puisque, selon toute probabilité, vous vous retirerez à la campagne, je crois que vous n'hésiterez pas à préférer celle de Fresnes-Saint-Mammès; j'en serais d'autant plus flatté que nous pourrions voisiner et entretenir les sentiments d'amitié qui m'ont toujours fait le plus vif plaisir. »

L'indignation publique réclamait des mesures de justice contre les auteurs et les complices de la sanglante journée du 9 septembre; mais, pour garantir l'indépendance de la procédure, il convenait d'avoir recours à des juges étrangers. Le procureur Noché se fit l'interprète de cette opinion :

« Je t'envoie ma lettre à la Compagnie, écrit-il de Sézanne en Brie, le 24 septembre, à son ami Comparot de Longsols; tu y verras ma profession de foi sur ce que nous avons à faire dans la circonstance. Lorsque les placards ont été affichés, tu étais absent, et cela peut ne pas être aussi présent à ton esprit qu'au mien, parce que j'y étais. Dès l'instant que j'ai appris ces malheurs, j'ai pensé qu'il fallait des juges étrangers. Le nombre immense des accusés et des personnes qui peuvent se trouver compromises, tout me confirme dans cette idée, et j'espère que la Compagnie pensera de même.

« Quant à moi, mon parti de n'en pas connaître est pris; il n'est pas un seul des honnêtes gens de ce pays-ci qui ne pense de même. Je crois que c'est la façon de penser du public de Troyes; c'est la plus noble; c'est la plus sûre; si, par l'événement du procès, une moitié des accusés se trouvait coupable, serait-il en place qu'une punition aussi terrible que celle qui s'en suivrait fût l'ouvrage de quelques citoyens? Quelle suite de haines, de vengeances! Et qui pourrait se flatter d'en voir la fin? Si la justice ne pouvait se faire autrement, je sais que notre malheureux pays nous y astreindrait ; mais une Commission demandée par nous ferait le même effet, et cette demande nous ferait honneur ; quant à M. Sourdat, toi et moi, proscrits par ces infâmes, comment éviterions-nous, aux yeux du public, le soupçon tout naturel d'un ressentiment inévitable ? La punition paraîtra vengeance ; le procès, esprit de parti ; et guerre, dont nos descendants recueilleront des fruits amers. J'ai souvent vu en noir ; on ne m'a pas cru, et le comble des malheurs a justifié mes prophéties.

« Le peuple est à présent tout autre chose que ce qu'il était il y a un an ; ses mœurs ont changé par les exemples ; il sent son influence ; quelques-uns en abusent étrangement. A mon avis, vouloir juger cette affaire est la même chose que de prendre le parti de s'expatrier ; et, avant notre mort, nous aurions le temps de nous en repentir. Voilà comme je vois ; voilà comme je sens ; je concourrai avec la Compagnie à demander une commission étrangère, si elle pense de même. Pour juger, rien au monde ne pourra m'y contraindre, ni m'obliger à me rendre condamnable en le faisant, quoique ma conscience m'en détourne. Tu es sage et prudent ; brûle ma lettre, après y avoir réfléchi pour ton compte ; tu voudras bien cacheter ma lettre à la Compagnie. Je compte être à Rhèges après-demain, faute de chevaux. »

VIII

Le 30 septembre, les échevins et les notables rentrèrent en fonctions.

Au commencement de la séance, Comparot de Longsols, nommé maire, prononça l'oraison funèbre de l'infortuné Claude Huez.

« Messieurs, dit-il, en reprenant leurs pénibles fonctions, il est bien douloureux pour les officiers municipaux, qui se trouvent aujourd'hui réunis, de ne plus voir à leur tête le magistrat respectable dont la fin tragique déshonore à jamais notre malheureuse ville. Les vertus, les lumières de M. Iluez, après lui avoir mérité les éloges du roi, des ministres et de la nation entière, devaient lui assurer la reconnaissance de tous ses concitoyens. Ce magistrat si digne, à tant de titres, de nos regrets, est péri au milieu de nous, sous nos yeux, victime et martyr de son patriotisme, de son héroïque fermeté, de son amour pour la justice.

« Averti de la fin funeste dont il était menacé, sollicité, prié par ses amis et ses parents de se soustraire par la fuite à la fureur et à la haine de ses ennemis, il a fermé l'oreille à leurs avis, parce que son devoir lui dictait impérativement de ne pas quitter le poste honorable et périlleux auquel la Providence l'avait placé ; fort de sa bonne conscience, il n'a pu se persuader qu'aucuns de ses concitoyens osassent porter la méchanceté jusqu'à attenter aux jours du chef qu'ils s'étaient eux-mêmes choisi, qui n'avait jamais eu d'autre ambition que de leur être utile, qui avait consacré cinquante ans de veilles pour les faire jouir du bonheur et de la tranquillité qu'il leur désirait avec ardeur.

« Et c'est au milieu de nous, Messieurs, que ce sénateur vénérable a été arraché du sanctuaire de la justice, qu'il a été massacré de sangfroid ! Mais tirons le rideau le plus épais sur cette scène horrible que la postérité ne pourra croire ! Pleurons le juste dont nous sommes si malheureusement privés ! Faisons retentir les temples de nos prières et des éloges que nous devons à sa mémoire ! Soyons dans le deuil ! Enfin, érigeons un monument qui, en rappelant à nos descendants ses vertus, ses lumières, leur apprenne à être comme lui les protecteurs de la veuve et de l'orphelin, les pères des pauvres, et des juges incorruptibles.

« Surtout, Messieurs, souvenons-nous sans cesse que plusieurs siècles ne suffiront pas pour effacer la tache honteuse dont nous nous sommes flétris ; qu'il n'y a dorénavant que le plus entier dévouement au bien public, au salut de la patrie, au soutien du trône, qui puisse à la longue faire revenir l'univers étonné de l'horrible prévention que nous a méritée cet incroyable parricide. Quant à nous, Messieurs, nos regrets, l'affliction profonde dont tant de malheurs nous pénètrent, ne nous permettraient pas de reprendre l'administration de la commune. C'est un poids d'autant plus au-dessus de nos forces, qu'il augmente progressivement à chaque instant ; mais nous comptons sur les conseils des notables que nous prions avec les plus grandes instances de nous secourir constamment de leurs lumières.

« J'ai l'honneur de vous proposer de commencer par employer tous les moyens qui peuvent dépendre de nous pour que les impôts soient perçus comme ils l'étaient avant ces affreux instants de désordre et de calamité publique. »

En conséquence, l'échevinage offrit une prime de trois cents livres aux cultivateurs qui apporteraient le plus de grains au marché, et chargea la garde citoyenne et les troupes de prêter main-forte aux percepteurs pour le paiement des impôts.

IX

Mais les journées des 5 et 6 octobre, triomphe de la force populaire sur la puissance royale, fournirent bientôt aux passions politiques un nouvel aliment. On soupçonnait des projets de vengeance de la part des classes aristocratiques ; on s'inquiétait des intentions secrètes du roi, qui n'avait accepté que certains articles de la Déclaration des droits de l'homme. Les hussards et les Suisses en garnison à Troyes campèrent, avec armes et bagages, toute la matinée du 7 octobre, sur la place Saint-Remi ; dans la relevée, ils rentrèrent dans leurs quartiers, tandis que les gardes du corps, menacés de suppression, quittaient la ville pour revenir quelques jours plus tard en plus grand nombre. Ces manifestations confirmèrent les bruits qui circulaient dans une partie de la population troyenne. On racontait que Louis XVI allait arriver et que les gardes du corps avaient préparé, pour le recevoir, un banquet où ils se joindraient aux officiers des hussards et des Suisses.

L'avenir paraissait sombre. Aussi, les fonctions de maire étaient-elles extrêmement périlleuses ; il fallait consolider le rétablissement de l'autorité légale et prévenir l'explosion des passions populaires.

« Je vous plains bien sincèrement, écrit le 10 octobre un anonyme, désigné sous les initiales H. D. C., à Comparot de Longsols, de vous voir dans des places qui, dans un temps aussi critique, ne sont pas sans beaucoup de dangers et demandent beaucoup de modération. Je ne doute point qu'à tout événement vous ne pensiez à vous ménager des ressources contre tout danger. Nous étions déjà bien inquiets au sujet de ce pauvre M. de Saint-Georges. Le voilà de nouveau exposé, mais avec beaucoup plus de danger. Il ne paraît pas que le chevalier Angenoust soit du nombre des prisonniers. »

De Saint-Georges, dont parle cette lettre, se trouvait à Mantes, quand il répondit aux officiers municipaux ; ceux-ci, dans leur délibération du 5 octobre, l'avaient désigné pour aider à l'organisation d'une garde nationale volontaire. La situation réclamait la vigilance la plus ferme.

« Recevez, mon cher voisin, écrit le 16 octobre de Saint-Georges à Comparot de Longsols, mes tendres et sincères remerciements pour l'offre généreuse que vous avez la bonté de me faire et que je trouve consignée dans la délibération de Messieurs les officiers municipaux. J'accepterais avec grand plaisir, non votre maison, mais un appartement chez vous, dans le cas où ils croiraient convenable que j'arrive à Troyes le plus tôt possible. J'accepterais à condition que cela ne vous nuira, ni gênera en aucune manière, et seulement pour le temps nécessaire aux réparations d'un appartement chez moi.

« Ma femme n'arrivera pas en même temps que moi ; je

pourrai, je l'espère, faire préparer quelque coin pour la recevoir, avec nos enfants. J'écris aujourd'hui à Messieurs les officiers municipaux pour les remercier de l'envoi qu'ils m'ont fait de votre délibération ; je leur dis les raisons qui m'ont retenu jusqu'à présent et m'ont privé du plaisir de vous embrasser. Examinez ces raisons, mon cher voisin ; je n'y tiens aucunement ; si vous les jugez mauvaises, marquez-le moi, et je vous assure que je serai bientôt avec vous ; je ne désire et ne veux que le bien ; dès que ma présence à Troyes pourra l'opérer, qu'on me le dise, et je suis prêt à m'y rendre ; mais faisons en sorte de ne nous pas tromper sur les moyens. »

Ensuite, le voisin de Comparot de Longsols, témoin des événements de Versailles, les raconte avec une émotion sincère :

« Vous savez la scène affreuse que nous avons eue à Versailles, la nuit du 5 au 6 octobre ; cette nuit malheureuse sera une grande époque dans l'histoire de la monarchie française, mais nos neveux ne la croiront pas ; ils la traiteront de fable. Comment pourraient-ils jamais s'imaginer que le premier, le plus grand, le plus puissant roi de l'Europe, ait été forcé de quitter sa demeure ordinaire pour aller où l'a voulu conduire une populace effrénée, mal armée, demi-vêtue, des malheureux enfin auxquels, dans la rue, chaque passant donnerait l'aumône. Ce n'est pas la garde nationale de Paris qui a demandé que le roi allât dans cette ville ; cette garde n'était venue que pour empêcher le désordre, et fort heureusement qu'on y est venu ; car, sans elle, de tous les gardes qui étaient à Versailles, peut-être n'en existerait-il pas un seul.

« Il y en a environ cinq cents qui ont passé la nuit à notre hôtel ; j'y étais ; je dois leur rendre la justice de dire qu'il est impossible de se comporter avec plus de décence et d'honnêteté ; je dis plus : c'est à eux et aux grenadiers, c'est à M. de la Fayette, à qui huit brigadiers ou gardes, qui étaient avec moi, doivent la vie ; sans eux, c'en était fait à la suite de cette cruelle séance, qui dura trois quarts d'heure ; toujours entre la vie et la mort, j'ai passé quatre heures dans le cabinet du roi, avec toute la famille royale. Ah ! mon cher voisin, dans quel état était cette auguste famille ! Que de choses touchantes ils disaient à tout ce qui les environnait ! Ils partirent vers midi et demi. Je me retirai alors pour aller chercher mes camarades qui avaient été forcés de reculer vers Rambouillet. J'ai été un jour et demi sans apprendre de leurs nouvelles. Ce n'est qu'à Paris que j'ai appris où ils étaient ; je suis allé les rejoindre et je ne les ai quittés qu'après avoir reçu les ordres du roi pour notre réparation. Je suis revenu ici où j'ai reçu, hier soir seulement, la lettre de ces Messieurs de la ville à laquelle je réponds aujourd'hui. »

Mme la chevalière de Saint-Georges n'était pas éloignée d'accepter l'offre ; s'expatrier lui aurait infiniment moins coûté qu'à son mari ; elle avait été si horriblement maltraitée à Troyes qu'il n'est point étonnant qu'elle éprouvait de la répugnance à y revenir.

« Je n'ai encore pris aucun parti à cet égard, ajoute le voisin de Comparot de Longsols ; mais, très certainement, tant que les gardes du corps existeront et qu'ils seront à Troyes, j'y serai ; après cela, Dieu en ordonnera. Mille compliments à Messieurs et Dames de notre société. Mesdames et Monsieur Noché sont sans doute à la campagne ; qu'ils y soient tranquilles ; c'est le plus grand bonheur que je puisse leur souhaiter. »

Les dissensions intestines continuaient à rendre excessivement délicates les fonctions de maire, que remplissait d'ailleurs avec sagesse Comparot de Longsols.

« Il est difficile, lui écrivait le 26 octobre son gendre, de n'être pas effrayé de vous voir remplir des fonctions périlleuses, malgré que nous sentions que c'est un devoir pour chacun de remplir à tous risques les places où nous sommes élevés, surtout lorsqu'elles tendent au bien de nos concitoyens. Si tous les honnêtes gens refusaient de se dévouer aux emplois pénibles, il faudrait, en même temps, chercher la retraite la plus profonde pour se soustraire aux excès auxquels se porterait le reste de ces êtres qui se disent des hommes.

« J'ai fait passer à M. de Corre votre imprimé, après l'avoir lu moi-même, lecture qui nous a renouvelé des sentiments d'horreur que nous avions précédemment éprouvés. Ce qui me scandalise, c'est l'indolence, l'inactivité des bons citoyens contre une petite troupe de malheureux. Je ne puis amener mes réflexions à les excuser. Heureusement, aujourd'hui, les voilà avec plus d'activité; mais c'est trois mois après les autres villes, et même les campagnes de ce pays. »

Le même écrit à son beau-frère, qui faisait partie de la compagnie de chasseurs récemment formée à Troyes :

« Je me reproche souvent ma négligence; mais, quoique guerrier aujourd'hui, vous êtes pacifique et vous me pardonnerez, je l'espère. Votre sœur désire que vous lui donniez quelques détails sur la formation de votre compagnie; si vous vous exercez aux manœuvres; si vous avez pris un uniforme; elle désirerait aussi savoir s'il y a, dans les gardes du corps tués à Versailles, quelqu'un de sa connaissance. Vous en avez sans doute les noms chez vous. Je n'ai point de nouvelles à vous apprendre, si ce n'est la mort de ce charmant personnage dont, cependant, l'on n'osait pas approcher, crainte d'épidémie, enfin de M. de Fedry. Si son âme est allée faire en paradis des grimaces pareilles à celles qu'il faisait sur terre, il pourrait bien le faire déserter; si, au contraire, c'est dans son antipode, il ne trouvera guère de gens en faisant de plus affreuses; priez Dieu pour lui, à tout hasard. »

Le martyre de Claude Huez et le dévouement de Comparot de Longsols, son successeur, avaient du retentissement jusque dans les provinces voisines.

« J'ai lu avec une extrême sensibilité l'historique de l'assassinat affreux commis sur la personne de M. Huez, écrit

M. de Corre, le 3 novembre, à M. Comparot de Longsols ;
quand on lira, dans les siècles à venir, pareille horreur, on
aura peine à croire que des hommes en aient été susceptibles.
J'ai appris, dernièrement, que vous aviez eu le courage de
remplacer, dans ces temps fâcheux, votre malheureux et
respectable confrère ; je loue votre patriotisme ; si la considération que vous méritez, l'estime générale, vos qualités
personnelles, vous ont élevé à cette place dangereuse, je me
persuade que vos concitoyens, ayant su rendre justice à votre
mérite, sauront veiller sur votre personne. »

X

La lutte entre le Comité provisoire, le bailliage et la municipalité se poursuivait ardente et opiniâtre, non seulement
par la publication de brochures et d'articles de polémique,
mais encore par des protestations et des démarches auprès de
l'Assemblée nationale. Les officiers municipaux et les membres du bailliage se défendirent énergiquement contre les
attaques de leurs adversaires. L'avocat Parent et le docteur
Gillet furent envoyés par eux à Paris, pour solliciter le droit
de poursuivre les auteurs des écrits mensongers répandus
dans le public et pour demander le maintien de l'administration locale actuellement subsistante. Une délibération
municipale du 22 octobre leur confiait cette mission.

« Nous sommes arrivés, hier, entre neuf et dix heures du
matin, écrivent-ils en date du 24 octobre ; nous nous sommes
rendus sur le champ au parquet ; là, nous avons appris que
le nouveau Code criminel était en pleine exécution au
Parlement, au Châtelet et à la Prévôté ; qu'il serait même
dangereux de ne pas s'y conformer, parce que les ministres
même sont mandés et se trouvent inculpés, lorsqu'on les
soupçonne de lenteur dans l'envoi des décrets de l'Assemblée
nationale. M. Laurencel nous a fait, à cet égard, une obser-

vation qui nous a paru décisive, c'est que, quant même nous obtiendrions que la loi ne fût pas envoyée à M. le Prévôt général, il serait toujours impossible qu'il jugeât suivant les anciens errements, parce que le bailliage de Chaumont, commis pour juger avec lui, ayant reçu et enregistré la loi, ne pouvait, sans se compromettre, juger d'après l'ancienne.

« Du reste, nous lui avons demandé des conseils sur le mode de jugement; il s'est borné à nous dire que c'était à M. le Grand-Prévôt à donner à cette affaire la plus grande célérité, et qu'il était sûr que Messieurs les officiers du bailliage de Chaumont le seconderaient de tout leur zèle. Nous lui avons parlé ensuite du Comité; il nous a rassurés, et nous a dit que nous pouvions être tranquilles; que, s'il se présentait au Parlement à l'effet d'y introduire un provisoire, il y serait bien reçu, et que le provisoire serait joint au fond, ce qui donnerait le temps à l'établissement des nouvelles municipalités; qu'alors ces Messieurs n'auraient sûrement nul intérêt de suivre, puisque, plaidant contre M. le Procureur général, il n'aurait ni dépens, ni dommages-intérêts.

« De là, nous nous sommes rendus chez M. le Garde des sceaux, qui nous a reçus avec beaucoup d'honnêteté; il nous a témoigné la meilleure volonté de favoriser la ville de Troyes; mais il nous a assurés en même temps qu'il ne pouvait rien pour nous dans la circonstance présente; que l'envoi même à M. le Prévôt général était fait; qu'en conséquence, il était impossible de se soustraire à la loi nouvelle; que, cependant, pour débarrasser la procédure de tout ce qui était inutile, il pouvait, en donnant des conseils aux accusés, faire demander, par ceux qui ne seraient pas coupables, un élargissement provisoire qu'il leur accorderait à la charge de se représenter à la première réquisition; qu'à ce moyen, les prisons se trouveraient suffisantes pour que la santé des criminels ne fût point en danger. Il nous a dit qu'à Paris, au moins pour les cas prévôtaux, on se bornait à donner communication, sans déplacer, de toute la procédure, aux conseils des accusés; et que, dès le lendemain, M. le Prévôt jugeait. Nous nous sommes, de là, rendus au Châtelet; les agents de M. le Grand-Prévôt nous ont assurés que cette forme avait été suivie dans l'affaire des assassins d'un boulanger et qu'elle serait adopté dans tous les cas prévôtaux. »

Dans la matinée du 30 octobre, l'avocat Parent et le médecin Gillet se présentèrent au Comité des rapports de l'Assemblée nationale; mais le député Alexandre Bouchotte ne s'y trouvait pas; ils ne purent y être admis. Vers dix heures du soir, Bouchotte alla les voir; il leur dit qu'il avait reçu la lettre de ces Messieurs de la ville et qu'il y était très sensible. En même temps, il leur apprit qu'un rapporteur avait été nommé pour une affaire de Comité, mais que le rapport ne pourrait en être effectué avant le lundi.

« Nous verrons dans la journée, s'il est possible, écrivent, le 31 octobre, les deux délégués, si l'affaire en question est celle de nos adversaires; en cas d'affirmative, nous demanderons à l'Assemblée, qui juge habituellement sur le rapport d'une seule partie, d'être entendus contradictoirement; notre Mémoire alors sera d'une nécessité indispensable; j'aurai l'honneur de vous écrire demain ce que nous aurons découvert. »

XI

Le calme était plus apparent que réel à Troyes, où il y avait deux causes permanentes de désordre : la disette, toujours croissante, et l'absence de toute autorité respectée. Le bailliage et la municipalité envoyaient, en différentes localités de la Champagne et de la Brie, opérer des chargements de blé; comme les campagnes étaient affamées non moins que les villes, on faisait escorter les convois par des soldats de la Garde nationale; on vivait au jour le jour, dans de mortelles inquiétudes pour le lendemain; les officiers du bailliage, dévorés de soucis, travaillaient à maintenir l'ordre, pendant que ceux de la municipalité attendaient à chaque instant une émeute.

« Nous sommes convenus d'écrire à Messieurs de la municipalité de Paris, disent-ils à leurs délégués Parent et Gillet; nous vous envoyons copie de notre correspondance. La demande que M. Truelle-Lemaire a faite est conforme à sa conduite de zélateur. On a voulu nous exclure du marché de Provins. On parcourt les petites villes : Nogent-sur-Seine, Sézanne, Villenauxe et autres. Nous vous prions de remettre notre réclamation, si vous ne craignez pas qu'elle donne de l'humeur à ces Messieurs de Paris; enfin, adressez-nous vos réflexions et agissez de votre mieux pour nos subsistances. Le marché en froment est beau aujourd'hui, 1er novembre; notre sentence de liberté a produit le meilleur effet. Si tous nos voisins faisaient de même, nous ne doutons pas que l'abondance ne renaisse, même à Paris. Nous sommes persuadés que le calcul de consommation journalière de la Capitale est faux. »

« Nous avons reçu vos lettres et mémoires, répondirent, le 2 novembre, Parent et Gillet; nous nous sommes, en conséquence, rendus au Comité de rapport; nous y avons parlé de la suppression du Comité et du Mémoire que nous nous proposions de fournir. Nous avons lieu d'être satisfait des dispositions du bureau; mais il y a lieu de penser que l'affaire du procès-verbal de Messieurs de Chaumont et de M. Lucot d'Hauterive ne leur a pas encore été renvoyée, car ils n'en étaient pas instruits. Dès qu'ils en auront connaissance, nous plaiderons cette cause, mais nous nous attendons à la perdre; nous savons que l'Assemblée n'entend point déroger, ni apporter de retard à l'exécution de ses décrets sanctionnés.

« Quant au Comité, on nous a dit qu'il y avait un député du bailliage de Troyes qui, dans cette affaire, demande à être entendu; il a été convenu qu'on nous mettrait en présence. Nous nous sommes rendus, ce soir, à l'Hôtel de Ville de Paris, comme nous l'avions annoncé, et nous avons été admis au bureau des subsistances; nous avons trouvé ces Messieurs très honnêtes, persuadés que nous manquions de grains ; mais ils ont prétendu que nous pouvions en trouver dans le reste de la province. Nous leur avons démontré que leur assertion était fausse; et que, fût-elle vraie, il ne nous serait pas encore possible de tirer nos subsistances de cette province, parce que le Perthois était le seul canton dont nous pourrions espérer quelques secours, et que Messieurs de Vitry-le-François s'opposaient absolument à aucune exportation ; cette réponse, prononcée avec vigueur, les a adoucis.

« Ces Messieurs nous ont avoué qu'ils avaient vu des députés de la ville de Provins; que ces députés leur avaient exprimé de la façon la plus décidée leur désir de venir à notre secours et qu'ils étaient convenus avec eux, comme ils convenaient avec nous; qu'il était juste que nous achetions concurremment avec eux ; qu'ils avaient donné l'ordre aux électeurs qui étaient à Provins de ne point s'opposer à cet approvisionnement, et spécialement de laisser porter à Troyes tout le pain que les boulangers ou les particuliers voudraient y faire passer; ils ont même ajouté qu'ils donneraient des ordres pour qu'en cas de besoin il nous fût cédé sur leurs propres approvisionnements, ne désirant rien autre chose que de vivre fraternellement avec nous et de se prêter à nos besoins, ainsi qu'ils espèrent que nous nous prêterons aux leurs. »

XII

D'après les conseils du président Fréteau et les avis du procureur-général, l'avocat Parent et le docteur Gillet travaillaient sans relâche à leur long *Mémoire*, parce que le Comité, soutenu par Étienne Baillot, natif d'Ervy-le-Châtel, député du bailliage de Troyes, sollicitait au Comité des rapports une prompte décision : « Ce Mémoire, disent les délégués dans leur correspondance du 5 novembre, est plus nécessaire que jamais dans la circonstance, parce que l'Assemblée, qui ne voit que peuple, qui ne veut de magistratures que celles élues par le peuple, pourrait bien rétablir le Comité, si nous ne parvenons à lui persuader que la partie du peuple qui l'a choisi a été trompée, qu'il n'a pas été le résultat de la volonté générale, et que sa suppression est bien plus, évidemment, le résultat de cette volonté, parce qu'elle a été effectuée par les citoyens eux-mêmes sous les armes, d'après la conduite et les gaucheries du Comité. Si l'organisation des nouvelles municipalités n'était pas prête à s'effectuer, nous craindrions que l'Assemblée, sourde à nos raisons, ne rétablisse le Comité; mais nous nous flattons qu'elle décidera qu'il n'y a pas lieu à délibérer et que toutes choses demeureront en l'état.

« Je vous ai fait passer le *Mémoire* des frères Chaperon et la réclamation de leur famille. M. Parent a instruit Messieurs les officiers du bailliage que le Comité des rapports avait statué sur cette affaire et avait chargé son président de se retirer par devers M. le Garde des sceaux pour lui donner des ordres d'adresser sans délai la nouvelle loi aux maréchaussées. Les sœurs des Chaperon étaient à la décision de cette affaire; et, en faisant diligence, elles ont pu écrire de façon que la nouvelle en soit arrivée aujourd'hui à Troyes.

« Le grain et le pain sont toujours très rares ici. Nous pensons cependant qu'il faut se tranquilliser, relativement à Provins. D'abord, l'Assemblée nationale paraît occupée de cet objet pour lequel elle reçoit des réclamations de toutes parts. En outre, il est très sûr que le Comité des subsistances de Paris est, à notre égard, dans les meilleures dispositions. Non seulement M. de Vauvilliers nous en a assurés à la tête de son bureau; mais il a répété les mêmes assurances à M. de Saint-Georges chez Madame Necker. M. de Saint-Georges paraît décidé à ne point se rendre à Troyes avant le jugement des criminels; et, si le Comité était rétabli, il y a toute apparence qu'il n'y viendrait pas. En effet, ce Comité ferait retirer les troupes, nous en sommes presque assurés, et même nous avons fait, auprès du Ministre, des démarches pour qu'il n'en fît rien. M. de Saint-Priest nous a promis de s'y opposer.

Dans ce cas, la présence de M. de Saint-Georges serait inutile ; il n'y aurait peut-être pas sûreté, pour certaines gens, d'y rester.

« Avez-vous promulgué la loi martiale ? C'est une cérémonie à laquelle il ne faut pas manquer ; il faut même y mettre beaucoup d'appareil. Voici comme elle s'est faite à Paris et dans les villes voisines : Les officiers municipaux, costumés et escortés des gardes citoyennes et militaires, se sont rendus dans les différentes places ; ils étaient précédés des tambours et trompettes. et des deux drapeaux rouge et blanc ; ils ont fait lecture de la loi. Je vous conseille d'en faire autant pour qu'on ne puisse vous inculper à cet égard auprès de l'Assemblée nationale. »

Dès le lendemain, 6 novembre au soir, Parent et Gillet, qui rendaient compte de leur mission presque jour par jour, écrivirent à Messieurs de la ville : « Vous avez appris, par nos lettres d'hier, que nous n'étions ni décrétés ni pendus ; nous espérons même sortir d'ici sans qu'il nous arrive d'accident. C'est, comme nous vous l'avons marqué, M. Baillot qui sollicite pour M. Truelle ; il paraît même que ce dernier n'ose pas se montrer ; car, c'est son solliciteur qui présente ses Mémoires et fait toutes les démarches nécessaires. Nous avons remis aujourd'hui à M. Le Camus, président de l'Assemblée nationale, le Mémoire relatif aux municipalités que vous nous avez adressé ; il nous a promis de le renvoyer sur le champ au Comité de constitution pour y avoir tel égard que de raison. Nous avons appuyé ce Mémoire de notre mieux.

« Nous avons aussi parlé à M. Le Camus de l'affaire du Comité ; nous l'avons prié de ne pas permettre qu'elle fût présentée par le Comité à l'Assemblée nationale avant que nous fussions entendus ; il nous l'a promis ; mais nous craignons toujours quelque surprise, parce que le député, M. Baillot, est sans cesse à harceler le Comité ; il est bien singulier que ce jeune homme, qui ne connaît Truelle que par l'intérêt qu'il prend à son cousin Barbuat de Maison-Rouge, le serve si chaudement et mette autant d'acharnement contre une ville à laquelle il doit s'intéresser et que nous lui avons dit être dans le plus grand danger si le Comité était rétabli. N'y aurait-il pas quelque ressort caché ? C'est ce que nous n'osons nous permettre de soupçonner.

« Nous craignons aussi que Mirabeau et Dubois de Crancé ne soient prévenus dans cette affaire. Le premier a proposé à l'Assemblée de dénoncer les Parlements et quelques municipalités. Le second a fait une motion furieuse contre M. Lucot d'Hauterive, relativement à l'affaire des Chaperon.

« Au surplus, il est inutile que vous vous flattiez de voir finir l'affaire d'après la loi ancienne ; il a été donné les ordres les plus positifs d'envoyer la loi nouvelle, et, sûrement, elle sera parvenue à M. Lucot avant que vous receviez cette lettre. Truelle a répandu à profusion ses Mémoires dans les différents districts de Paris. Nous ignorons quel effet il a pu faire sur ces demi-législateurs ; au reste, nous ne pensons pas que nous devions faire aucune démarche à cet égard.

« Dès que vous aurez promulgué la loi martiale, vous nous ferez passer le procès-verbal de son enregistrement et de sa promulgation ; vous y joindrez aussi le certificat d'enregistrement du décret sanctionné sur la circulation des grains, afin que nous le remettions à l'Assemblée, à l'effet de faire preuve de diligence et pour ne pas encourir la forfaiture prononcée par le décret d'hier contre les municipalités et autres tribunaux qui n'enregistreraient pas sur le champ. Voyez entre vous s'il ne serait pas expédient, pour tranquilliser le peuple, de lui annoncer par une affiche qu'il est trompé ; qu'on cherche à le prévenir contre des citoyens honnêtes prêts à tout sacrifier pour sa subsistance ; que, si l'esprit de révolte auquel on le porte subsiste, ces citoyens, pour se mettre à l'abri de toute insulte, seront forcés d'abandonner la ville ; qu'alors les charités cesseront et que, livré à lui-même et sans ouvrage, il sera exposé à mourir de faim ; qu'en vain espérerait-il trouver des secours dans les personnes qui le guident en ce moment ; que la plupart sont dans l'impuissance de le secourir, etc...

3

« Ceci n'est qu'un conseil ; communiquez-le aux personnes capables de vous conseiller, à MM. l'Évêque et son coadjuteur, par exemple. En un mot, faites tout ce qu'il dépendra de vous pour adoucir le peuple et le garantir de la prévention. Sauriez-vous ce que penseraient et feraient les chasseurs, les grenadiers, arquebusiers et volontaires sur lesquels on peut compter dans le cas où le Comité serait rétabli ? Faites-nous le plaisir de nous en instruire. Nous avons vu M. de Saint-Georges. Si le Comité n'est pas rétabli, il partira avec nous ; s'il a le dessus, vous ne le verrez pas, et nous pensons qu'il fera bien ; il a dîné avec nous aujourd'hui. ».

Tandis que les deux délégués s'acquittaient de leur mission patriotique avec zèle et fermeté, les partisans de l'ambitieux Truelle de Chambouzon redoublaient d'efforts et d'intrigues pour obtenir le maintien ou le rétablissement du prétendu Comité général et provisoire. Un document troyen, daté du 12 novembre, en fait foi :

« Il nous semble, y est-il dit, que Messieurs les représentants de la commune de Paris sont bien faciles à se laisser prévenir ; que leur dénonciation ne peut et ne doit pas être écoutée dans un moment où la procédure, prête à se terminer, pouvant être incessamment mise sous les yeux du public, les preuves qui en résulteront démontreront si le bailliage a commis une injustice en cassant le Comité, ou s'il a eu raison de le faire pour l'intérêt public et le salut des honnêtes gens ; il nous semble aussi que votre qualité de députés d'une grande ville devait vous faire espérer d'être entendus. Nous imaginons que le *Mémoire* que vous avez pris la peine de rédiger, et qui sera distribué demain, dissipera les nuages que les calomnies et les impostures grossières de M. le Président du Comité ont pu élever contre nous.

« De quel droit Messieurs les représentants de la commune de Paris vont-ils nous noircir aux yeux de l'Assemblée nationale sur des faits dont ils n'ont pas connaissance qu'avec les yeux de la prévention ? Qu'ont donc de commun avec eux les événements qui se sont passés à Troyes et que diraient-ils si nous nous mêlions de ce qui se passe chez eux ? De quel droit osent-ils blâmer la conduite d'une Compagnie de magistrats qu'ils devraient respecter et d'un corps municipal qui est leur égal ? Les députés de la ville et ceux du prétendu Comité sont en présence. On dispute sur des faits dont la preuve sera bientôt entre les mains de toute la France ou dont la fausseté sera démontrée, si Messieurs du Comité sont bien fondés à crier au despotisme contre nous ? Nous vous prions donc, Messieurs, de faire tous vos efforts pour obtenir que l'Assemblée nationale ne prononce rien en faveur ou contre le Comité que le jugement des coupables, s'il s'en trouve, ne soit prononcé et exécuté, et l'expédition de la procédure envoyée.

« La cocarde noire qui devait, dit-on, être distribuée à un repas par Messieurs les gardes du corps, est une atrocité hazardée qui, devant un tribunal juste, ne peut faire aucune impression. On disait hier, dans le peuple, que M. Parent était en prison. Aujourd'hui, ce même peuple dit tout haut que M. Truelle sera incessamment maire. Le Comité se rassemble, tantôt dans un endroit, tantôt dans un autre, particulièrement dans la rue du Temple, chez un particulier qui, par sa famille et ses alliances, devrait tenir une conduite un peu plus citoyenne. »

XIII

Ces réflexions, inspirées sans doute par le bailliage et la municipalité de Troyes, se trouvent complétées par la lettre suivante, de l'avocat Parent :

« Hier, l'on a dénoncé la sentence de Troyes, qui casse le Comité, écrit-il le jeudi 12 novembre. Messieurs les représentants de la commune de Paris, sous prétexte de fraternité, ont fait un tableau touchant de la dispersion des membres et du despotisme que l'on exerce contre eux. Dans la crainte que leur dénonciation ne laissât des impressions défavorables, leur discours fini, j'ai demandé à être entendu ; j'étais à ma place de suppléant ; les uns voulaient que je descende, les autres que je parle d'où j'étais, je suis resté ; j'ai pressé pour que l'on m'écoute. Le Président m'a dit fort poliment : on ne parle pas où vous êtes, sortez. J'ai persisté à demander. Sortez, m'a-t-il dit. J'ai quitté ma place pour aller à la tribune et me mettre à côté de Messieurs les représentants de la commune ; je suis arrivé que la réponse était faite : *l'on prendra, Messieurs, votre demande en considération.* Tel est l'oracle qui a été prononcé.

« Aujourd'hui, l'on a changé les membres du Bureau des rapports ; demain, l'on nous donnera un rapporteur. Nous ferons nos efforts pour qu'il nous entende ; il faut espérer que nous serons plus heureux qu'à l'Assemblée nationale. Les Mémoires seront imprimés vendredi ; quelque diligence que fasse le rapporteur, il ne pourra pas s'occuper de nous avant samedi. Malgré la protection des districts, j'ai bien de la peine à croire que l'Assemblée se décide à rétablir le Comité. Ce ne sera pas notre défaut de zèle et de bonne volonté qui le fera rétablir, mais l'intrigue et la cabale.

« Nous recevons à l'instant un *Mémoire* de M. Truelle. Cette nouvelle brochure vient de nous être communiquée ; elle a été envoyée à tous les districts avec une lettre du Président ; elle annonce que Messieurs les gardes du corps à Troyes voulaient y donner un repas et que l'on devait distribuer des cocardes noires et en décorer chaque convive. Voyez la liaison de ces idées avec celles de Paris et Versailles. Tout le Mémoire est dans ce genre. Vous pensez que ces Messieurs ne négligent rien de tout ce qui peut rendre leur cause commune avec celle de Paris. »

Le docteur Gillet, co-signataire de ces divers renseignements, en fournit d'autres non moins précieux qui jettent du jour sur les manœuvres ténébreuses du prétendu Comité provisoire. « Truelle, écrit-il en date du 7 novembre, que nous avons enfin trouvé aujourd'hui dans l'antichambre de l'Assemblée nationale, a fait un nouveau mémoire signé de lui et des sieurs Noël, Perrin et Dorgemont. Ce *Mémoire* est dénué de moyens; il glisse sur les choses les plus essentielles; il est aussi véridique que ceux que vous avez déjà vus; cependant, il est un peu moins impertinent et séditieux; son plus grand moyen est l'aristocratie. Nous avons eu ce *Mémoire* par le plus grand des hasards.

« J'étais à la tribune à côté de M. Camusat de Belombre ; nous avions causé des municipalités ; je lui avais fait part des réflexions que vous nous aviez adressées relativement aux municipalités ; il me disait qu'il devait s'y rendre dans l'après-midi et qu'il en parlerait ; arrive M. Baillot qui, sans me voir, lui annonce qu'il le cherche depuis deux jours pour lui remettre un *Mémoire*. M. Camusat demande ce que c'est. — M. Baillot lui répond : c'est un Mémoire pour le sieur Truelle de Chambouzon ; il vous prie de le lire. — Je ne me mêle pas de cette affaire. — Qu'importe, prenez toujours. — Alors, M. Baillot m'aperçoit, me souhaite le bonjour et me dit que la cause de M. Truelle lui paraît juste et qu'il n'a pu, par des considérations particulières, lui refuser sa protection. Je lui ai répondu froidement et il nous a quittés. J'ai prié M. Camusat de me prêter ce Mémoire ; il me l'a donné ; mais j'ai promis de le lui renvoyer demain ; en conséquence, je ne puis vous le faire passer.

« D'après cet entretien, je suis persuadé que M. Camusat de Belombre n'est pour rien dans cette affaire ; et, en vérité, cette découverte m'a causé un sensible plaisir. Il a été proposé, ce matin, à l'Assemblée, par l'évêque d'Autun, de faire faire un inventaire exact de tout le mobilier des maisons religieuses et des fabriques paroissiales, de mettre tous les titres de propriétés sous les scellés, afin que rien ne s'égare. Je pense que cette motion vous aura été adressée ; car il m'a paru qu'on l'avait accueillie avec transport. Dans ce cas, la ville ne ferait-elle pas bien de prendre des précautions relativement à la bibliothèque des Cordeliers ; et, pour que la nation ne s'en empare pas, et que nous n'en soyons pas privés, ne trouveriez-vous pas expédient d'en faire la réclamation sur le champ? Voyez entre vous; consultez; je n'ose rien décider par moi-même. J'oubliais de vous dire que Truelle, Noël, Perrin et Dorgemont se constituent, dans leur Mémoire, prisonniers de la nation. »

L'avocat Parent et le docteur Gillet travaillaient lentement, mais sûrement, à défendre le bailliage et la municipalité contre les libelles calomnieux du président Truelle et de ses adhérents. Cette lenteur préoccupait beaucoup la population troyenne. Un grand nombre de citoyens paisibles, pour la plupart pères de famille, protestaient avec énergie contre les tendances révolutionnaires du Comité, tandis que les partisans de celui-ci, se croyant assurés du succès, poursuivaient avec ardeur leurs démarches.

« Vous étiez inquiets, écrit le 10 novembre le docteur Gillet, de n'avoir point reçu de nos nouvelles pendant les deux jours que nous avons été à Mantes. Nous devrions être aujourd'hui, à notre tour, dans une grande inquiétude de n'avoir pas reçu de vous une seule lettre depuis samedi.

« Notre *Mémoire* est enfin terminé. Nous avons été beaucoup plus de temps à le rédiger que nous ne pensions. On travaille à bâton rompu : c'est une course à faire d'un côté, une visite d'un autre ; et, dans ce pays même, on ne peut pas sortir sans perdre un temps énorme. Je l'ai lu aujourd'hui, avant de le porter à l'impression, à un avocat de ma connaissance et de celle de M. Perrin ; il en a été content. Mais ce Mémoire nous coûtera beaucoup à imprimer. Le prote m'a dit qu'il pensait qu'il aurait quatre feuilles ; comme il nous en faudra dix-huit cents exemplaires, chaque feuille coûtera 142 livres 10 sols. Cette dépense, jointe à celle que nous faisons, grévera un peu la ville, qui n'est pas riche. En vérité, cela me peine autant que l'absence. Mais enfin le vin est tiré, il faut le boire ; j'espère que nous en viendrons à bout et que le Comité ne reprendra pas le dessus.

« Nous avons fait demander dix-huit cents exemplaires du *Mémoire,* parce qu'il en faut douze cents au moins pour

Paris et que nous pensons qu'il faut en distribuer avec profusion à Troyes, surtout dans le peuple, qu'il est bien essentiel de tâcher de ramener. Nous avons fait une assez bonne découverte : Truelle s'est adressé aux différents districts. Quelques-uns n'ont pas voulu l'entendre ; mais il en est un qui, ayant nommé un rapporteur dans cette affaire, a décidé qu'il y avait lieu à délibérer, parce que, d'après les pièces de Truelle seul, il a dit qu'il paraissait qu'on avait eu des raisons légitimes de supprimer le Comité pour ne s'être pas opposé à l'assassinat de M. Claude Huez et à d'autres désordres. Nous ferons imprimer ce rapport sur une feuille volante pour l'édification des autres Comités. »

Après avoir recommandé à ces Messieurs de la ville de dire au courrier du samedi et à celui du dimanche de passer dans la matinée à son hôtel pour prendre des arrangements relatifs à l'envoi d'un paquet de *Mémoires* : « Je suis fâché, ajoute-t-il, que vous n'ayez pas mis plus d'appareil à la publication de la loi martiale. Messieurs les échevins devaient le faire eux-mêmes en robe violette ; cela se pratique ainsi partout ; notre ville, moins dans ces circonstances-ci que dans d'autres, ne doit point se distinguer. »

Un député du Tiers-État du bailliage de Chaumont-en-Bassigny, l'avocat Noël Claude-Janny, natif et bailli de Brienne-le-Château, logé rue Verdelet, n° 22, à Paris, s'intéressait à ces déplorables événements accomplis à Troyes. Son parent et ami, Comparot de Longsols, entretenait avec lui une correspondance suivie :

« J'avais appris avec beaucoup de satisfaction, lui écrit-il en date du 16 novembre, que vous ne vous étiez pas trouvé à l'Hôtel de Ville, lors du massacre qui s'y est commis ; mais je me suis procuré les *Mémoires* qu'a fait distribuer ici M. Truelle de Chambouzon ; et, sans entrer dans l'examen du bien ou mal jugé de la sentence qui annule le Comité de votre ville, je vous dirai franchement que j'ai été surpris que vous ayez coopéré à cette sentence. Mais ce qui m'a frappé le plus, ce

sont les reproches particuliers qu'on vous fait et à votre
bailliage en général, sur lesquels je ne vois pas que vous ayez
donné aucunes instructions qu'il serait cependant nécessaire,
je crois, de remettre au Comité chargé de l'affaire, que je ne
connaissais pas lorsque M. le maire de Paris est venu à
notre Assemblée déclarer qu'il prenait sous sa protection le
Comité de votre ville. » Ce fut effectivement Bailly qui pré-
senta la réclamation de Truelle et de ses partisans à l'examen
de l'Assemblée nationale.

Dans une autre lettre, le même écrit au même : « Il faut
espérer que le peuple, mieux éclairé, reconnaîtra ses égare-
ments ; mais il ne pourra jamais réparer les torts qu'il a faits
et qu'il s'est faits à lui-même. Je crois qu'aucune prévoyance
humaine ne pouvait s'en douter ; je crains fort qu'on ne se
ressente encore longtemps d'une secousse aussi violente. Au
reste, il faut se reposer sur la Providence qui, seule, peut
mettre fin à tous nos maux. M. Gillet a eu la bonté de
m'apporter le *Mémoire* de votre ville ; je l'ai lu avec attention
ainsi que celui de M. le lieutenant-criminel. Je devais le revoir.
Apparemment qu'il a été trop occupé.

« Je vous avouerai que je n'ai point trouvé, dans ces
Mémoires, l'impartialité qui doit caractériser des magistrats ;
il y a un peu trop de personnalités ; on n'a point répondu
aux principaux moyens ni même à des faits essentiels.

XIV

Voici la teneur de la sentence :

« L'an 1789, la Compagnie, assemblée le 5 septembre,
après-midi, considérant les troubles qui agitent la ville depuis
l'époque des 8 et 27 août dernier et qui ont accompagné la
formation et l'exercice d'un prétendu Comité général et provisoire que nulles circonstances n'avaient nécessité ; que cette
formation n'a pu être l'effet que d'une cabale mal inten-
tionnée, ennemie du repos public, puisqu'à cette époque la

ville et toute espèce d'administration jouissaient d'une activité
paisible ; que cette cabale, pour mieux abuser les citoyens,
avait pris le prétexte des circonstances et le besoin de venir
au secours de la municipalité ; que ce besoin prétendu a, seul,
déterminé les citoyens bien intentionnés à concourir à la
nomination des commissaires ; que ceux des citoyens tranquilles et amis de la patrie, qui en ont accepté la mission,
gémissent des abus qui l'ont suivie ; qu'au lieu de se borner
aux fonctions de corporation qui lui avaient été confiées, le
Comité s'est érigé en juridiction et a, de son autorité, exercé
des actes illimités sur des citoyens ; que ce Comité, absorbant
jusqu'à la juridiction et l'exercice des officiers municipaux,
dont il s'était annoncé l'adjoint, a favorisé la persécution
notoirement ouverte contre M. Claude Huez, lors maire, et
n'a opposé aucune résistance aux violences méditées et con-
sommées sur la personne dudit sieur Huez ; la Compagnie
déclare nulles toutes les ordonnances et affiches faites par
ledit Comité, comme incompétentes, fait défense de les exécuter, enjoint à tous les bourgeois habitants de cette ville et à
tous les justiciables de son ressort, de ne reconnaître que les
juridictions légitimes et de n'obéir qu'aux juges fondés en
pouvoir et en autorité par le roi, confirmés par l'article 7 du
décret national, invite tous les citoyens de ne référer à aucun
ordre ni charge de ville qui ne soient émanés des officiers
municipaux légitimes, jusqu'à ce qu'il y ait été pourvu par
l'Assemblée nationale, invite, en conséquence, les citoyens
bien intentionnés à s'abstenir dudit Comité. »

Cette délibération, signée par : Comparot de Longsols,
Hérould de la Clôture, Corrard de Breban, Camusat des
Carets, Babeau, Sourdat, Coquard, Gauthier, n'était que trop
justifiée par la gravité des circonstances. L'action du Comité
était devenue même si menaçante que le bailliage avait jugé
prudent de se réunir le 22 septembre, après-midi, pour
frapper d'une sorte d'excommunication le sieur Truelle de
Chambouzon, perfide collègue qui flattait les passions populaires ; il rappela que ce dernier, en se présentant le 5 sep-

tembre au grénier à sel, avait harangué les officiers de cette
juridiction pour les engager à donner le sel à 6 sols la livre ;
il s'était également montré au marché à blé, avait parcouru
le champ de foire en disant hautement : *si vous ne me suivez
pas, je ne pourrai vous faire avoir le sel à 6 sols la livre.*

« Attendu que, par le procès-verbal dressé par la juridiction du grenier à sel, ajoute la teneur de la décision baillia-
gère, mon dit sieur Truelle de Chambouzon est représenté
comme un chef de parti ; attendu que mon dit sieur Truelle
a eu la lâcheté d'accepter la place de Président du Comité
dix heures après l'assassinat de M. Claude Huez ; attendu que
mon dit sieur Truelle s'est permis des propos infamants sur
le compte dudit sieur Huez dont le nom seul fait l'éloge, et
qu'il doit maintenant s'occuper du soin de détruire le bruit
public qui l'accuse d'être l'auteur de la mort dudit sieur
Huez. Sur quoi la Compagnie a unanimement arrêté de ne
plus communiquer avec le dit sieur Truelle de Chambouzon. »

L'excommunié, furieux de l'anéantissement de son influence, ne savait comment se venger ; il déchargea sa colère
sur Jean-Baptiste Comparot de Longsols, ainsi que le constate
la plainte.

« L'an 1789, le 25 septembre, heure de onze du
matin, nous Jean-Baptiste Comparot, écuyer, seigneur de
Longsols, conseiller du roi au bailliage et siège présidial de
Troyes, sortant de l'hôtel de M. Camusat des Carets, conseiller, chez lequel la Compagnie était assemblée, étant lors
en habit de couleur, avons rencontré, au milieu de la rue de
la Monnaie, M. Truelle de Chambouzon, président du Comité,
lequel, du plus loin qu'il nous a aperçu, nous a regardé d'un
air de fureur, en se redressant. Le dit sieur Truelle étant
entré sous l'allée de la maison du greffe, nous aurait encore
regardé avec le même air de fureur, et nous aurait traité
d'insolent. Nous étant alors arrêté vis-à-vis dudit sieur Truelle
auquel nous avons demandé tranquillement ce qu'il nous
disait, En cet instant, M. Couturier, greffier commis, venant

derrière nous, a dû entendre mon dit sieur Truelle qui nous a répondu qu'il ne ne nous faisait pas l'honneur de nous parler; nous lui avons entendu répéter le mot d'insolent. De tout ce que dessus nous avons dressé procès-verbal. »

Truelle de Chambouzon, loin de se disculper de cette injure faite au conseiller Comparot de Longsols, rédigea un billet conçu en ces termes :

« Je reconnais qu'étant au greffe pour prendre le greffier à l'effet d'exécuter mon ordonnance du 22 septembre, présent mois, portant reconnaissance des scellés de Marie-Barbe Berthé, femme de chambre de Madame de Paney, j'ai trouvé le dit greffier porteur d'une autre ordonnance du même jour, rendue par le sieur de Longsols, laquelle ordonnance j'ai déchirée sur le champ, et en ai pris les morceaux que j'entends joindre à mon procès-verbal pour constater l'insulte des officiers du bailliage qui, non contents de s'être cachés dans les moments où ils étaient nécessaires, ne reparaissent que pour faire des injures gratuites à un galant homme dont la conduite les fera ressouvenir un jour de celle qu'ils auraient dû tenir dans ce moment de calamités à Troyes. »

En marge de ce billet, signé Truelle de Chambouzon, une annotation déclare que ce billet du protestataire « a été rédigé pour être remis à l'Assemblée tumultueuse, illégale et irrégulièrement tenue en l'hôtel du sieur Camusat des Carets, présidentifiée par l'égarement du moment. »

D'autre part, M. Terrillon, membre du Comité, s'était présenté sur les dix heures du matin à la porte du grenier à sel; l'entrée lui a été refusée par la sentinelle; il répondit avec humeur : « Cela est abominable. » Ces quelques faits, aggravés par une telle violence de langage, suffisent à caractériser l'état d'exaspération où se débattaient les partisans du Comité; ils expliquent également le refus d'un témoignage de confiance que sollicitait de ses collègues Truelle de Chambouzon, toujours avide de ressaisir son pouvoir perdu.

En dépit des protestations et des sourdes menées du Comité,

les autorités régulières finirent par triompher, ainsi que le démontrent les lettres suivantes des délégués Parent et Gillet, qui défendaient chaleureusement à Paris la cause du bailliage et de la municipalité :

« Je ferai remettre, aujourd'hui 15 novembre, au courrier, quelques *Mémoires*, environ soixante, écrit l'un d'eux à ces Messieurs de la ville ; il s'y trouve beaucoup de fautes d'impression, parce qu'ayant eu beaucoup de courses à faire, nous n'avons pu la suivre de près ; mais nous nous en sommes aperçu à temps ; et nous en aurons pour Paris, qui seront corrigés. Je joindrai à la présente les *errata* et vous ferez corriger les fautes à la main, avant de livrer le *Mémoire* au public. Je vous enverrai, mardi, cinq à six cents exemplaires ; vous les ferez distribuer ; il faut tâcher que le peuple sache qu'on le trompe et que ceux qu'il a choisis sont ses ennemis. »

Le docteur Gillet raconte leur audience chez Bailly, l'héroïque maire de Paris, qui parut très fâché de la démarche qu'on lui avait fait faire ; ce ne fut qu'au mécontentement de l'Assemblée qu'il reconnut qu'on l'avait induit en erreur.

« Nous verrons demain matin, ajoute-t-il, M. le marquis de Condorcet, président de la commune en l'absence de M. Bailly, et il y a toute apparence que, lundi soir, nous harauguerons la commune. Nous dinerons mardi chez M. Bailly. Peut-être les exécutions seront-elles retardées, et ce ne sera pas le fait de Truelle ; car l'Assemblée, qui incline fort pour la miséricorde, se fût déjà occupée de cet objet, si les affaires inattendues qu'elle a eues ne l'en eussent empêchée. Peut-être même l'a-t-elle ordonné aujourd'hui. Je n'ai vu que des députés qui n'avaient pas assisté à toute la séance ; ainsi, je ne suis pas bien instruit de ce qui s'y est passé ; prévenez sur cet article afin que, si cela arrive, d'autres n'en aient pas le mérite.

« Nous verrons sûrement M. Duport. Je pense que M. Verrier lui aura écrit comme il convient ; la garde citoyenne ne sera pas contente de Truelle. Vous verrez, par nos *Réflexions ultérieures*, qu'il les appelle aristocrates ; c'est un vilain homme; et Messieurs du bailliage eussent bien dû user de plus de rigueur, ou M. Ludot d'Hauterive aurait dû informer de tout ce qui s'est passé depuis le 18 juillet, où Jacques Truelle commença son rôle funeste. Nous ne manquerons pas de voir à Provins Messieurs du Comité; mais si celui de Troyes succombe, comme nous l'espérons, nous aurons peut-être quelque chose d'avantageux à vous proposer sur les subsistances. M. Parent a fait la commission de M. de Corlieu; ce noble logeait, rue du Beffroy, chez M. Cadot, lieutenant de la maréchaussée troyenne. M. le prince de Prix a dû l'appuyer; mais nous n'avons pas eu le temps de le voir pour savoir s'il a obtenu quelque chose. Veuillez envoyer des *Mémoires* à Messieurs nos évêques, ainsi que des *Réflexions ultérieures.* »

Parent et Gillet avaient adressé, par le courrier, à Messieurs de la ville, cent exemplaires de leur *Mémoire* et cent de leurs *Réflexions ultérieures*, avec deux volumes sur l'éducation, qu'on avait donnés à M. le curé pour la ville.

« Je vous ferai passer incessamment deux nouveaux paquets de *Mémoires*; il faut en répandre avec profusion, écrit le docteur, et tâcher de détruire les impressions fâcheuses que le Mémoire de Truelle pourrait produire dans le peuple. Vous verrez que, dans les *Réflexions ultérieures*, pour anéantir l'assertion de Truelle relativement aux grains, j'offre à l'Assemblée nationale de rendre compte de cette partie d'administration devant elle ou devant des commissaires qu'elle-même indiquera; c'était, à mon avis, le plus sûr moyen de détruire son objection.

« Nous avons vu, ce matin, M. le marquis de Condorcet, président de la commune; nous aurons audience à ce tripot, demain à sept heures du soir. M. le marquis de Condorcet pense, ainsi que M. Sylvain Bailly, que la démarche de la ville est inconséquente, mais il nous a assurés qu'il ne lui avait pas été possible de l'arrêter, ni même de faire nommer des commissaires pour examiner les Mémoires de Truelle et voir s'il y avait lieu de le faire. Nous avons eu, ce matin, une

conférence avec le rapporteur de notre affaire ; il ne nous a
fait qu'une seule objection, savoir : pourquoi, au lieu de faire
rendre justice par le bailliage, la commune ne s'était pas
assemblée pour faire révoquer les commissaires. Nous lui
avons donné deux raisons : la première, que le Comité n'eût
pas donné l'ordonnance pour assembler les districts ou compagnies et que des citoyens honnêtes ne sont pas faits pour
des assemblées qui ont l'air séditieux ; la seconde, que, dans
ce cas, le nombre des gens qui n'ont point de propriétés à
conserver étant beaucoup plus grand que celui de ceux
qui en possèdent, et le Comité accordant aux premiers tout
ce qu'ils demandaient, même contre les droits des autres, les
laissant tuer et piller, nous avions la certitude qu'ils auraient
le dessus ; il ne nous a rien répondu, a dit qu'il lirait notre
Mémoire avec attention et que, mardi, nous aurions un autre
entretien, parce que, nous ayant communiqué toutes les pièces
de Truelle, il était juste qu'il lui communiquât les nôtres.

« Nous avons engagé aujourd'hui le curé (Dubois, curé de
Saint-Remi et de Sainte-Madeleine) à parler de notre affaire ;
il paraîtrait ridicule qu'ayant des députés de notre ville,
aucun ne prit notre défense, et qu'un député du bailliage
sollicitât pour nos adversaires.

« Mon voyage étant beaucoup plus long que je ne le pen-
sais, j'ai pris chez le banquier de M. Fromageot 600 livres et
403 livres 10 sols que j'ai touchés pour lui, ce qui fait
1.003 livres 10 sols ; je vous prie de les lui remettre ; je vous
en ferai état sur notre dépense. Cela serait presque tout
employé pour les *Mémoires*, parce qu'il a fallu en tirer 2.000,
savoir : pour l'Assemblée 1.200 ; pour les districts 120,
pour la commune 30 ; pour les ministres et autres auxquels
nous en portons spécialement 100 ; total 1.450. Ainsi, vous
voyez qu'il ne nous reste que 550, dont nous vous enverrons
500, parce que nous en donnerons ici le plus qu'il nous sera
possible pour que l'opinion publique force, jusqu'à un certain
point, l'Assemblée nationale, si elle était disposée contre nous.

« La visite que nous avons faite à M. Bailly est cause

qu'il y a bien des fautes d'impression ; mais enfin cela passera pour Troyes et je ne distribuerai à l'Assemblée que les exemplaires corrigés. Vous me parlez d'un particulier chez lequel se tiennent les assemblées dans la rue du Temple ; vous me donnez de l'inquiétude ; il n'en est que deux, dans cette rue, que je puisse soupçonner et que je serais fâché d'être dans le cas de mésestimer : celui de l'extrémité inférieure est un voisin de Madame Champi ; tirez-moi d'inquiétude. Je suis avec respect, Messieurs, votre très humble et très obéissant serviteur. »

XV

Truelle de Chambouzon et ses adhérents mettaient de l'acharnement à discréditer leurs adversaires ; ils espéraient y parvenir à force d'allégations mensongères ; la municipalité, vivement émue des inculpations dirigées contre elle, s'appliquait avec non moins d'énergie à les réfuter. « Le dernier Mémoire que vous venez de nous envoyer, écrivent-ils le 23 novembre à leurs délégués Parent et Gillet, ne peut être que l'ouvrage d'un forcené ; nous voyons qu'il ne réplique en aucune manière aux inculpations qu'il se contente de rapporter, sans même essayer de les détruire. La plupart de ses observations sont d'une fausseté reconnue ; vous le connaissez aussi bien que nous ; c'est pourquoi nous croyons inutile de vous envoyer aucune note à cet égard, parce que nous ne ferions que répéter ce que vous savez.

« Il y a cependant deux objets sur lesquels il est à propos de vous donner quelques détails.

« Le premier relatif à la capitation :

« Le sieur Truelle prétend que les officiers municipaux sont répréhensibles pour avoir augmenté la capitation sur une simple ordonnance de M. le Commissaire départi. Est-ce qu'il ignorait que la capitation des villes franches, depuis l'établissement de cette imposition jusques et compris l'année 1788, n'a été imposée que sur l'ordonnance des intendants, d'après l'état arrêté au Conseil qui réglait le plus ou le moins de cette imposition ; mais qu'à compter de 1789, M. l'Intendant de Champagne ne s'est plus mêlé de la capitation ; elle a été imposée en vertu de l'ordonnance de la Commission intermédiaire provinciale, qui y était autorisée par l'édit du mois de juin 1787, enregistré au Parlement ; il est bien vrai qu'elle a été, en 1789, augmentée de 625 livres ; mais c'est en vertu de la répartition faite au Conseil que la Commission intermédiaire a suivie, comme les intendants la suivaient précédemment.

« Un autre fait, tout aussi aisé à détruire, c'est la prétendue perception arbitraire des droits d'octroi. Ce n'est pas la première fois que M. Truelle cherche à noircir les officiers municipaux sur cette perception ; c'est une tentative qu'il a faite dès 1763, et à laquelle on a répondu de manière à le réduire au silence ; sans doute, il regarde cette époque comme trop éloignée ; il s'imagine qu'on a perdu de vue, et ses calomnies, et les moyens qu'on a employés pour les détruire ; il se trompe. On se rappelle qu'en la dite année 1763, M. Truelle, furieux contre la ville et chef d'un parti qu'il avait alors élevé, répandit différents *Mémoires* ; et, dans l'un de ces *Mémoires*, il attaquait la perception des octrois de la ville, comme s'exerçant avec concussion.

« Voici les raisons qu'il en donne :

« Les droits d'octroi sur les vins, disait-il, doivent se percevoir avec ceux des aides, parce que la consommation est la même ; cependant, le produit de l'octroi est inférieur à celui des aides ; par conséquent, la perception de la ville est infidèle. D'ailleurs, il n'y a que 4 sols pour livre sur l'octroi et l'on représente des quittances où il est taxé jusqu'à 9 sols ; nouvelle preuve de concussion.

« On a répondu, sur le premier objet, que la perception des droits sur les vins et ceux des aides ne pouvaient avoir aucun rapport, attendu que la ville ne percevait que dans l'étendue de son enceinte et des faubourgs sur les vins seulement, au lieu que les aides exerçaient, en outre, au Pont-Hubert et, de plus, dans la ville et les faubourgs sur les vins et les aides, de manière qu'il était impossible d'assimiler la perception des aides à celle de la ville.

« Sur le second objet, on a répondu, qu'outre les anciens 4 sols pour livre, la ville était autorisée à percevoir 1 sol pour les droits des offices de receveur et contrôleur des octrois qu'elle avait rachetés et qu'en vertu d'un édit de 1759 donné sous le ministère de Sihoüette, il y avait eu 4 nouveaux sols pour livre établis dont la perception avait été abolie au bout de trois mois ; c'était précisément dans cet intervalle que les quittances représentées avaient été délivrées. M. Truelle de Chambouzon, réduit au silence, s'est bien gardé de rien répliquer, et l'on ne devait pas s'attendre qu'au bout de vingt-six ans il fut tenté de renouveler une imputation aussi absurde que calomnieuse.

« Le dit sieur Truelle n'articule rien sur le fait des grains et les malversations dont il veut faire soupçonner les officiers municipaux relativement aux approvisionnements. La différence qu'il y a entre les officiers municipaux et le sieur Truelle, c'est que les premiers sont assurément irréprochables et que le sieur Truelle, au contraire, s'est conduit, en 1768, d'une manière, sinon répréhensible, au moins très condamnable, par l'indiscrétion qu'il a commise en achetant en bloc, moyennant 9.000 livres, la grange du nommé Marguin, fermier de Saint-Blin, près de Chaumont en Bassigny ; d'après cet achat, la ville a perdu plus de 4.000 livres, quoique M. Truelle eût assuré qu'il y avait environ 12.000 livres de bénéfices, ainsi qu'il l'a marqué dans sa lettre que nous vous envoyons ; nous vous adressons aussi celle que M. l'intendant nous a écrite à ce sujet ; vous serez à même par là de juger, et de faire connaître à qui il appartiendra qui de nous ou de M. Truelle ont mieux opéré pour l'approvisionnement de la ville.

« Nous pourrions ajouter que M. Truelle doit son existence et son état à la ville et que, sans un certificat que les officiers municipaux ont bien voulu lui donner en 1766, il n'aurait jamais été reçu dans sa charge de conseiller. Tout le monde sait toutes les peines qu'il a eues à se faire recevoir ; que, sans le certificat dont il s'agit, la protection de Monsieur l'Évêque, et sans les vives sollitations de sa femme, il n'aurait jamais été admis dans cette Compagnie. »

Le Comité général et provisoire, eh hostilité perpétuelle avec le corps municipal, resta supprimé, malgré les réclamations de Truelle de Chambouzon et de ses affidés ; le marquis de Foucault Lardimalie, qui s'intéressait personnellement à la ville de Troyes, parce qu'il y avait des propriétés, le procureur Alexandre Bouchotte, député de Bar-sur-Seine, le marquis de Mesgrigny, député de la noblesse, de la sénéchaussée de Troyes, le marquis de Crillon, qui était attaché au bailliage de Troyes par la possession de certains fiefs, appuyaient les démarches courageuses de Parent et de Gillet ; c'est à leur intervention, jointe au zèle ds deux intrépides délégués, qu'il faut attribuer la victoire des officiers municipaux.

« Je pense que notre affaire est décidée, écrit le 25 novembre l'un des délégués, et que ma présence n'est plus guère nécessaire ici. L'Assemblée nationale a décrété, ce matin, dix articles sur les municipalités ; et. par l'un de ces articles, il est dit que les officiers munjcipaux seront maintenus dans leurs fonctions jusqu'à l'établissement des nouvelles municipalités. Ainsi, tout est dit à cet égard ; d'ailleurs, il paraît que le travail des municipalités ne sera pas long et que bientôt vous serez dans le cas de procéder à leur établissement. J'ai assisté et assisterai jusqu'à mon départ à la discussion des articles relatifs à cette partie, afin de me bien pénétrer de l'esprit de l'Assemblée et de pouvoir vous le communiquer. Cependant, il serait peut-être nécessaire que vous engagiez M. Parent à prolonger son séjour, crainte de quelque surprise de la part de nos adversaires qui ne sont point délicats. »

La suppression du soi-disant Comité général et provisoire ne ramena pas le calme au sein de la ville. La fermentation produite par les débats du procès des auteurs du crime du 9 septembre et l'émotion causée par les élections municipales entretinrent le feu de la discorde.